escola - sekolah   2
viatge - berjalan   5
transport - pengangkutan   8
ciutat - bandar   10
paisatge - landskap   14
restaurant - restoran   17
supermercat - pasar raya   20
begudes - minuman   22
menjar - makanan   23
granja - ladang   27
casa - rumah   31
sala d'estar - ruang tamu   33
cuina - dapur   35
bany - bilik air   38
cambra de nen - bilik kanak-kanak   42
roba - pakaian   44
oficina - pejabat   49
economia - ekonomi   51
oficis - pekerjaan   53
eines - alat   56
instrument de música - alat muzik   57
zoo - zoo   59
esports - sukan   62
activitats - aktiviti   63
família - keluarga   67
cos - badan   68
hospital - hospital   72
urgència - kecemasan   76
terra - bumi   77
rellotge - jam   79
setmana - minggu   80
any - tahun   81
formes - bentuk   83
colors - warna   84
oposats - berlawanan   85
nombres - nombor   88
llengües - bahasa-bahasa   90
qui / què / com - siapa / apa / bagaimana   91
on - di mana   92

Impressum
Verlag: BABADADA GmbH, Nedderfeld 112 , 22529 Hamburg
Geschäftsführer / Verlagsleitung: Harald Hof
Druck: Books on Demand GmbH, In de Tarpen 42, 22848 Norderstedt

Imprint
Publisher: BABADADA GmbH, Nedderfeld 112 , 22529 Hamburg, Germany
Managing Director / Publishing direction: Harald Hof
Print: Books on Demand GmbH, In de Tarpen 42, 22848 Norderstedt

escola

sekolah

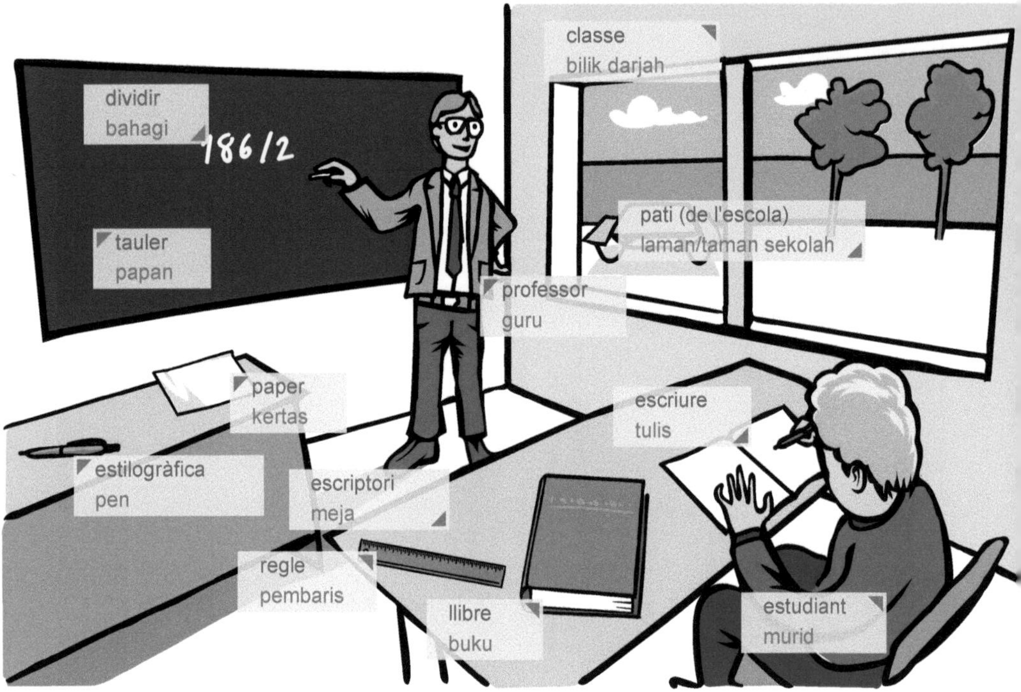

classe
bilik darjah
dividir
bahagi
186/2
pati (de l'escola)
laman/taman sekolah
tauler
papan
professor
guru
paper
kertas
escriure
tulis
estilogràfica
pen
escriptori
meja
regle
pembaris
llibre
buku
estudiant
murid

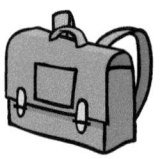

bossa

beg galas

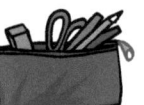

estoig

kotak pensel

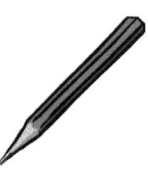

llapis

pensel

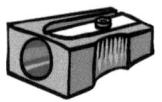

maquineta de fer punta

pengasah pensel

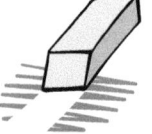

goma

pemadam

bloc de dibuix

kertas lukisan

dibuix

melukis

pinzell

berus lukis

capsa de pintures

kotak warna

tisores

gunting

cola

gam

quadern d'exercicis

buku latihan

deures

kerja rumah

nombre

nombor

afegir

tambah

sostreure

tolak

multiplicar

darab

calcular

kira

lletra

huruf

alfabet

abjad

mot

kata

text

teks

llegir

baca

guix

kapur

lliçó

pelajaran

llibre de classe

daftar

examen

peperiksaan

certificat

sijil

uniforme escolar

uniform sekolah

formació

pendidikan

enciclopèdia

ensiklopedia

universitat

universiti

microscopi

mikroskop

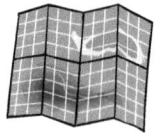

mapa

peta

paperera

bakul sampah

viatge
berjalan

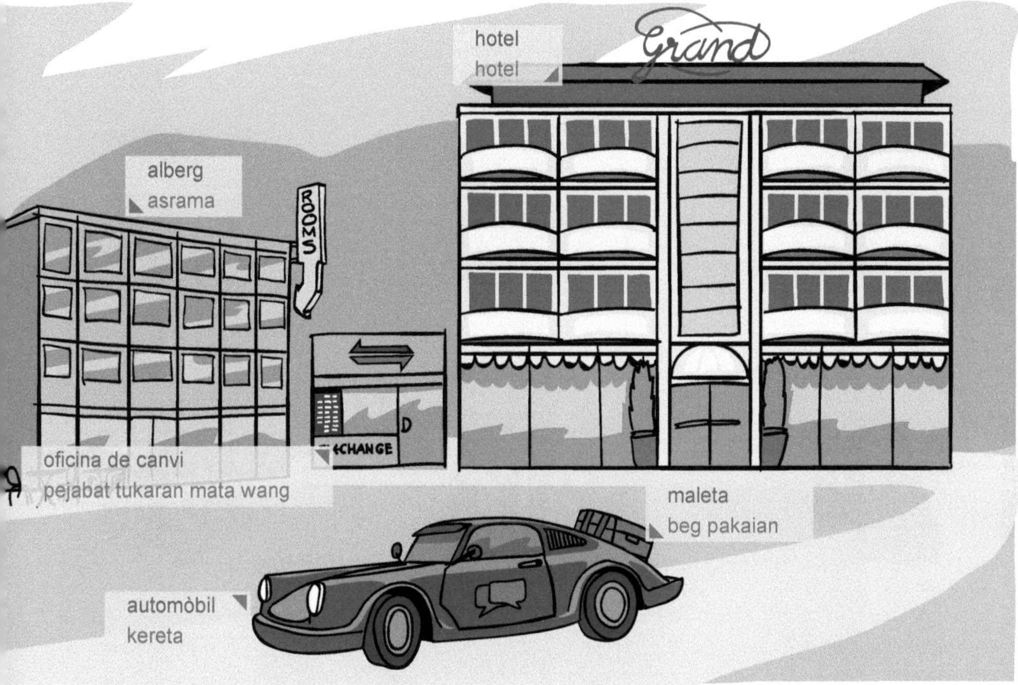
hotel
hotel
Grand
alberg
asrama
ROOMS
oficina de canvi
pejabat tukaran mata wang
maleta
beg pakaian
automòbil
kereta

llengua

bahasa

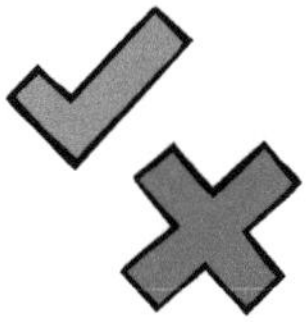

sí / no

ya / tidak

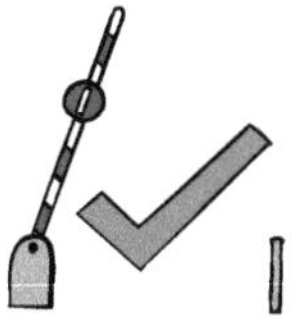

D'acord

okey

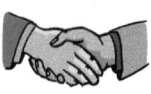

Ey!

helo

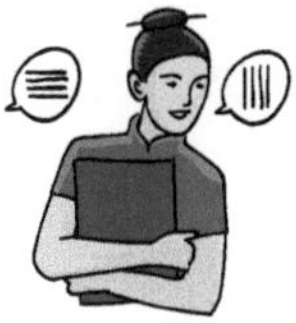

traductora

penterjemah

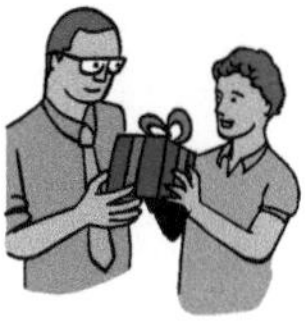

gràcies

Terima kasih

Quant costa... ?

berapa banyak...?

No entenc

saya tidak faham

problema

masalah

Bona nit!

Selamat petang!

bon dia!

Selamat Pagi!

bona nit!

Selamat Malam!

fins aviat

selamat tinggal

direcció

arah

bagatge

bagasi

bossa

beg

sarrona

beg galas

convidat

tetamu

cambra

bilik tidur

sac de dormir

beg tidur

tenda

khemah

oficina de turisme

maklumat pelancong

platja

pantai

carta de crèdit

kad kredit

esmorzar

sarapan

dinar

makan tengah hari

sopar

makan malam

bitllet

tiket

ascensor

lif

segell

setem

frontera

sempadan

duana

kastam

ambaixada

kedutaan

visat

visa

passaport

pasport

transport

pengangkutan

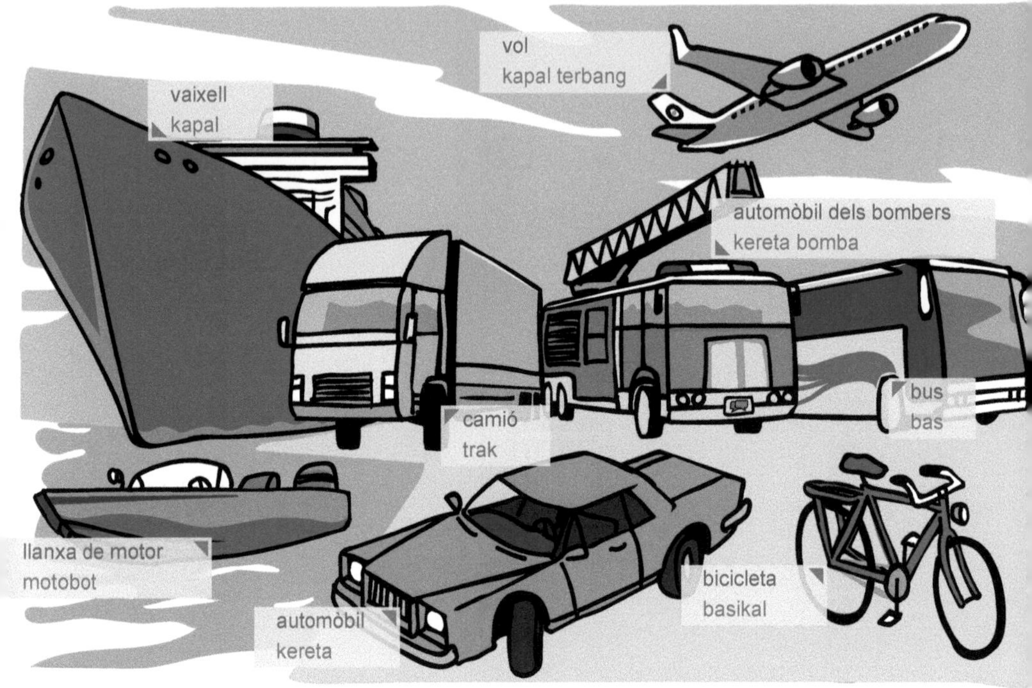

vaixell
kapal
vol
kapal terbang
automòbil dels bombers
kereta bomba
camió
trak
bus
bas
llanxa de motor
motobot
automòbil
kereta
bicicleta
basikal

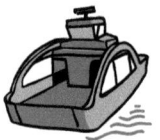

transbordador

feri

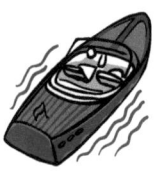

barca

bot

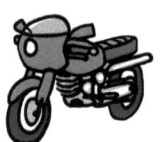

moto

motosikal

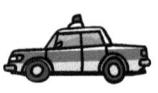

automòbil de policia

kereta polis

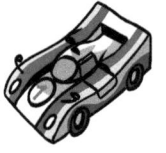

automòbil de curses

kereta lumba

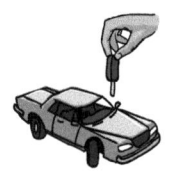

automòbil de lloguer

kereta sewa

vehicle compartit	grua	camió de les escombraries
berkongsi kereta	trak tunda	trak menolak

motor	benzina	benzineria
motor	bahan api	stesen minyak
	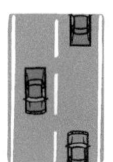	
senyal de trànsit	trànsit	embús
tanda trafik	trafik	kesesakan lalu lintas

aparcament	estació de trens	vies
tempat parkir	stesen kereta api	trek
	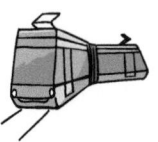	
tren	tramvia	vagó
kereta api	trem	gerabak

helicòpter

helikopter

aeroport

lapangan terbang

torre

Menara

passatger

penumpang

contenidor

bekas

capsa de cartó

kadbod

carretó

kart

cistella

bakul

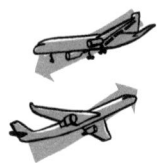

enlairar-se / aterrar

berlepas / mendarat

ciutat
bandar

poble

kampung

centre de la ciutat

pusat bandar

casa

rumah

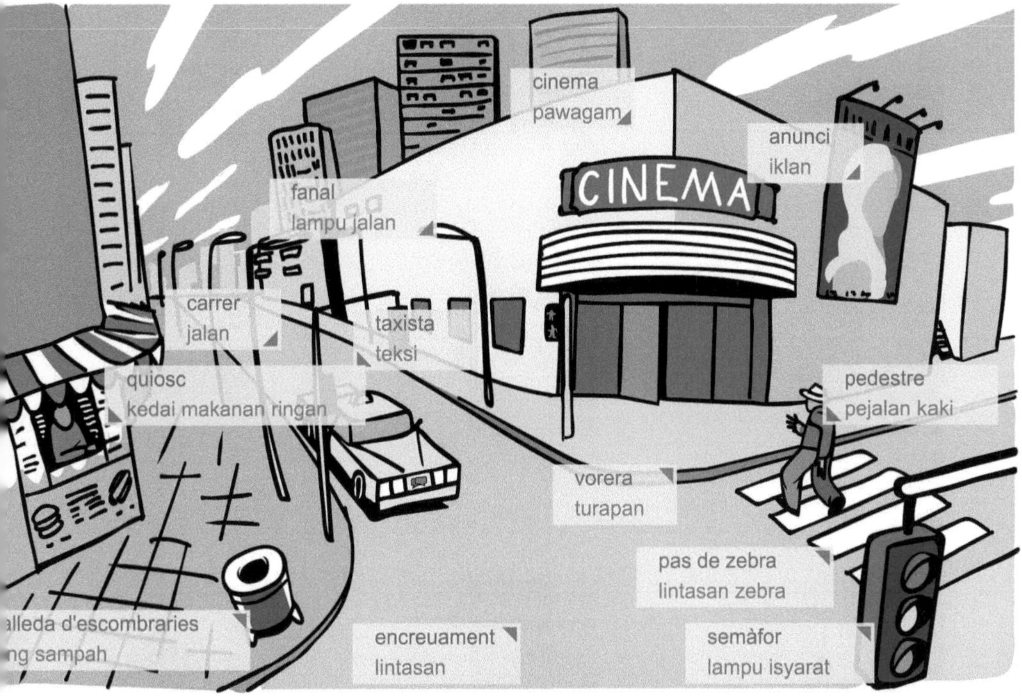

cinema
pawagam

anunci
iklan

CINEMA

fanal
lampu jalan

carrer
jalan

taxista
teksi

pedestre
pejalan kaki

quiosc
kedai makanan ringan

vorera
turapan

pas de zebra
lintasan zebra

alleda d'escombraries
ng sampah

encreuament
lintasan

semàfor
lampu isyarat

cabana
pondok

apartament
flat

estació de trens
stesen kereta api

casa de la vila-ciutat
dewan bandar

museu
muzium

escola
sekolah

ciutat - bandar

universitat	banca	hospital
universiti	bank	hospital

hotel	farmàcia	oficina
hotel	farmasi	pejabat

llibreria	botiga	floristeria
kedai buku	kedai	kedai bunga

supermercat	mercat	gran magatzem
pasar raya	pasaran	gedung

peixateria	centre comercial	port
penjual ikan	pusat membeli-belah	pelabuhan

parc

taman

banc

bangku

pont

jambatan

escala

tangga

metro

bawah tanah

túnel

terowong

parada d'autobús

hentian bas

bar

bar

restaurant

restoran

bústia de correu

peti surat

senyal indicador

papan tanda jalan

parquímetre

meter parkir

zoo

zoo

piscina

kolam renang

mesquita

masjid

granja
....
ladang

pol·lució
....
pencemaran

cementiri
....
tanah perkuburan

església
....
gereja

parc infantil
....
taman permainan

temple
....
kuil

paisatge
landskap

fulla
daun

cartell indicador
tiang tanda

camí
jalan

prat
padang rumput

pedra
batu

excursionista
pejalan kaki

arbre
pokok

riu
sungai

gespa
rumput

flor
bunga

vall

lembah

muntanya

bukit

llac

tasik

bosc

hutan

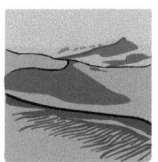

desert

padang pasir

volcà

gunung berapi

castell

istana

arc de Sant Martí

pelangi

bolet

cendawan

palmera

pokok kelapa sawit

moscard

nyamuk

mosca

terbang

formiga

semut

abella

lebah

aranya

labah-labah

escarabat

kumbang

granota

katak

esquirol

tupai

eriçó

landak

llebre

arnab

òliba

burung hantu

ocell

burung

cigne

angsa

senglar

babi jantan

cervo

rusa

ant

moose

presa

empangan

turbina

turbin angin

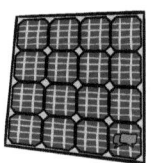

panell solar

panel solar

clima

iklim

restaurant

restoran

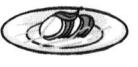

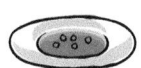

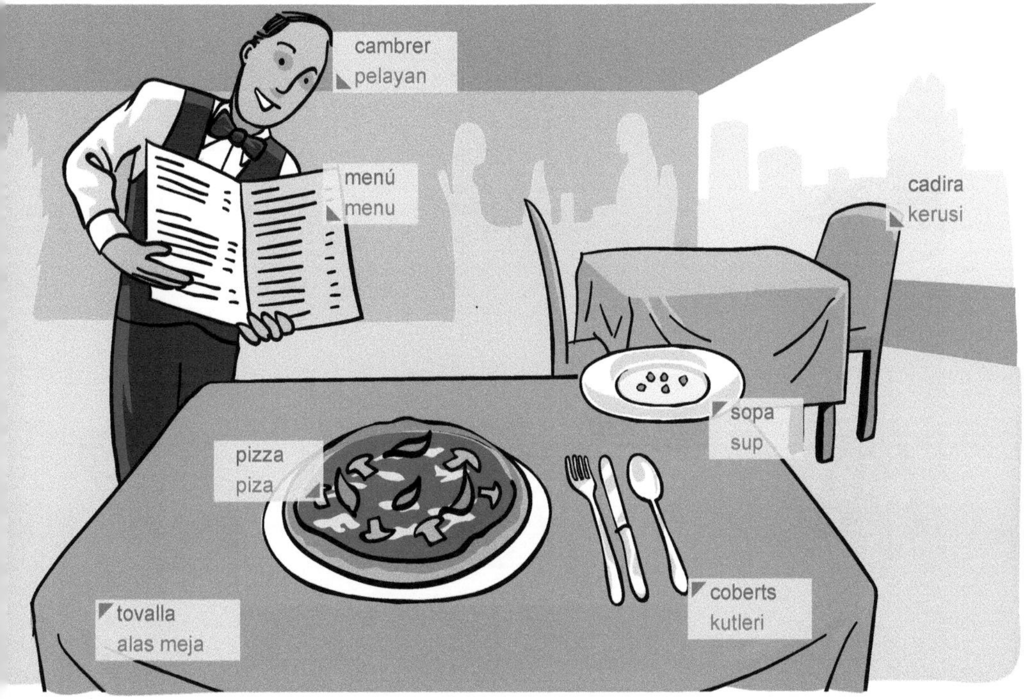
cambrer
pelayan
menú
menu
cadira
kerusi
sopa
sup
pizza
piza
tovalla
alas meja
coberts
kutleri

primer plat

pemula

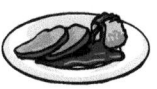

plat principal

hidangan utama

darreries

pencuci mulut

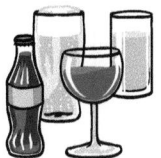

begudes

minuman

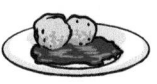

menjar

makanan

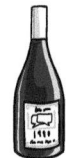

ampolla

botol

menjar ràpid

makanan segera

menjar de carrer

makanan jalanan

tetera

teko

sucrer

mangkuk gula

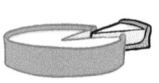

porció

bahagian

màquina d'espresso

mesin espreso

trona

kerusi tinggi

factura

bil

plata

dulang

ganivet

pisau

forqueta

garfu

cullera

sudu

cullereta

sudu teh

tovalló

serviette

got

gelas

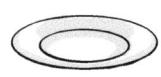

plat
pinggan

plat de sopa
mangkuk sup

plateret
piring

salsa
sos

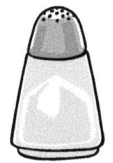

saler
tempat garam

molinet de pebre
pengisar lada

vinagre
cuka

oli
minyak

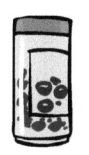

espècies
rempah

quètxup
sos

mostassa
mustard

maionesa
mayones

supermercat

pasar raya

oferta especial
tawaran istimewa
client
pelanggan
productes lactis
tenusu
fruites
buah-buahan
carret de la compra
troli
FOR

BUTCHERS

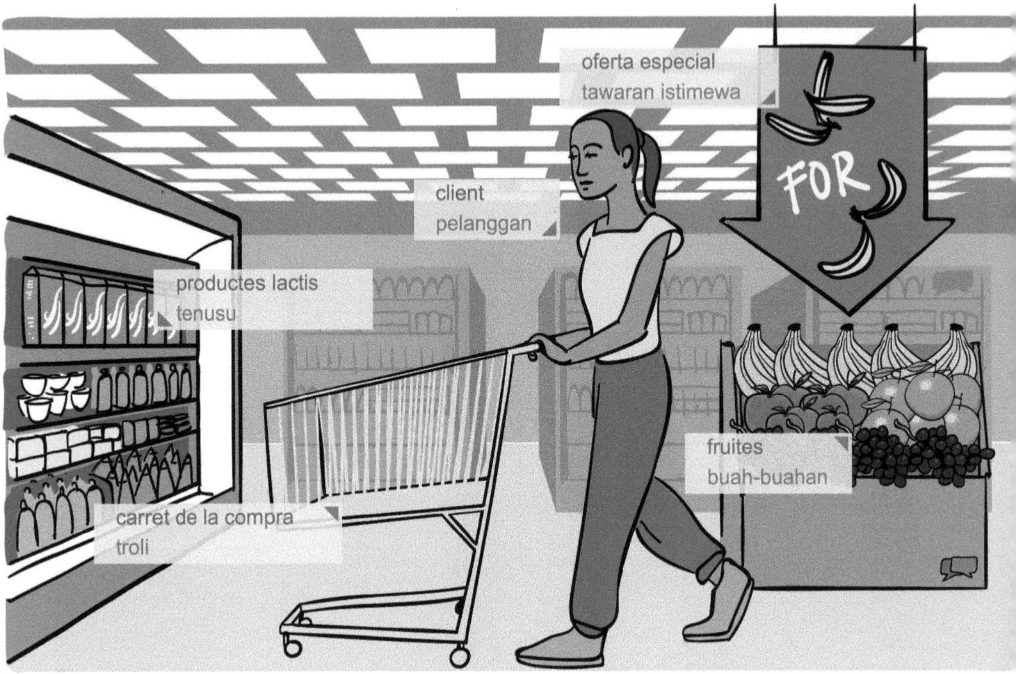

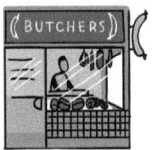

carnisseria

tukang daging

BAKERY

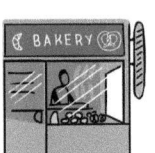

forn de pa

kedai roti

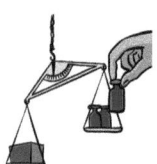

pesar

berat

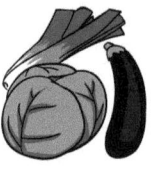

verdures

sayur-sayuran

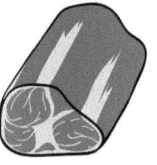

carn

daging

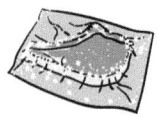

menjar congelat

makanan sejuk beku

carn freda

daging sejuk

conserves

makanan dalam tin

detergent en pols

serbuk pencuci

dolços

gula-gula

articles domèstics

produk isi rumah

productes de neteja

produk pembersihan

venedora

orang jualan

caixa registradora

daftar tunai

caixera

juruwang

llista de la compra

senarai membeli-belah

horari d'obertura

waktu pembukaan

portamonedes

beg duit

carta de crèdit

kad kredit

bossa

beg

bossa de plàstic

beg plastik

aigua
....
air

suc
....
jus

llet
....
susu

coca-cola
....
kola

vi
....
wain

cervesa
....
bir

alcohol
....
alkohol

cacau
....
koko

te
....
the

cafè
....
kopi

espresso
....
espreso

cappuccino
....
kapucino

banana

pisang

poma

epal

taronja

oren

síndria

tembikai

llimona

lemon

pastanaga

lobak merah

all

bawang putih

bambú

buluh

ceba

bawang

bolet

cendawan

avellanes

kacang

fideus

mi

espaguetis

spageti

arròs

nasi

amanida

salad

patates fregides

kerepek

patates fregides

kentang goreng

pizza

piza

hamburguesa

hamburger

entrepà

sandwic

escalopa

kutlet

cuixot

ham

salami

salami

salsitxa

sosej

pollastre

ayam

rostit

panggang

peix

ikan

flocs de civada

bubur oat

musli

muesli

cereals

emping jagung

farina

tepung

croissant

kroisan

panet

roti roll

pa

roti

torrada

roti bakar

bescuits

biskut

mantega

mentega

mató

dadih

pastís

kek

ou

telur

ou fregit

telur goreng

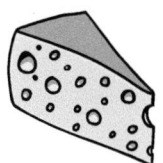

formatge

keju

gelat

ais krim

sucre

gula

mel

madu

melmelada

jem

crema de xocolata

krim nougat

curri

kari

granja
ladang

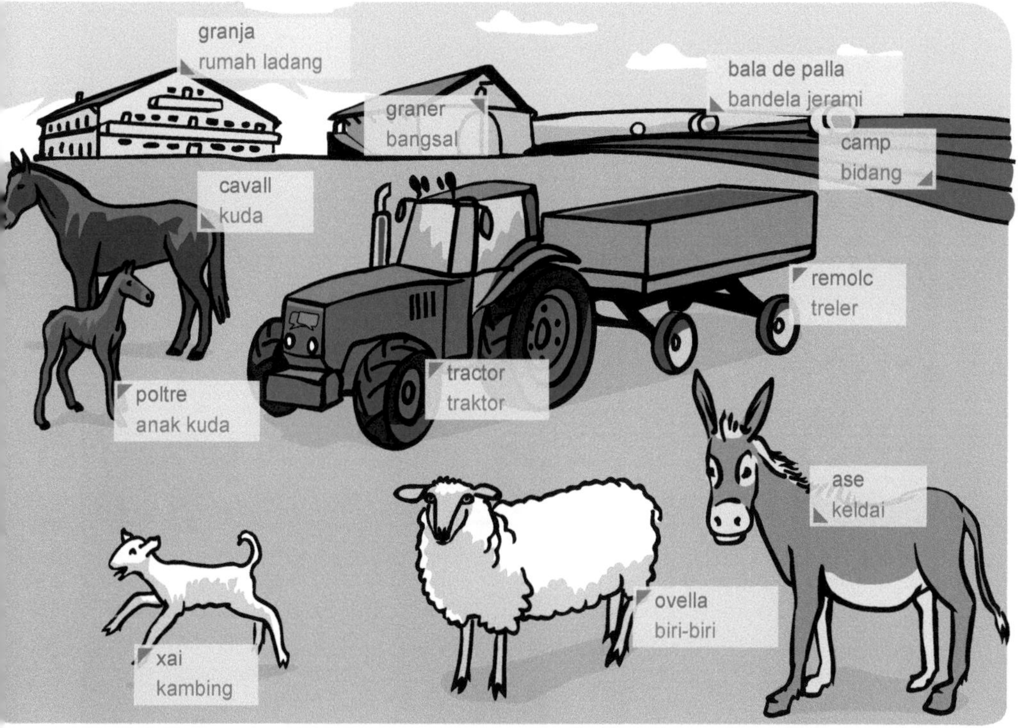
granja
rumah ladang
graner
bangsal
bala de palla
bandela jerami
camp
bidang
cavall
kuda
remolc
treler
tractor
traktor
poltre
anak kuda
ase
keldai
ovella
biri-biri
xai
kambing

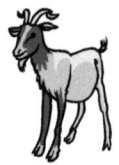

cabra
kambing

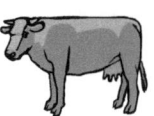

vaca
lembu

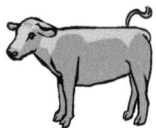

vedella
anak lembu

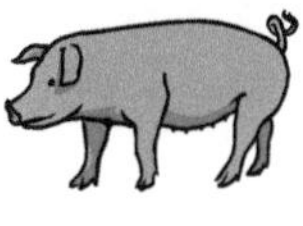

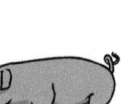

porc
babi

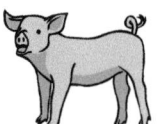

garrí
anak babi

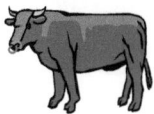

bou
lembu

oca

angsa

ànec

itik

poll

anak ayam

gall

ayam betina

gallina

ayam jantan muda

rata

tikus

gat

kucing

ratolí

tikus

bou

lembu jantan

gos

anjing

gossera

rumah anjing

mànega de regar

hos taman

regadora

bekas siraman

dalla

sabit

arada

bajak

falç

sabit

aixada

cangkul

forca

serampang peladang

destral

kapak

carretó

kereta sorong

abeurador

palung

lletera

tin susu

sac

karung

tanca

pagar

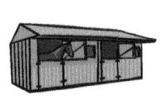

establa

stabil

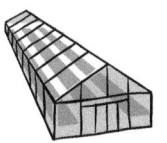

hivernacle

rumah hijau

sòl

tanah

llavor

benih

adob

baja

collidora

jentuai

collir
....
tuai

collita
....
menuai

nyam
....
keladi

blat
....
gandum

soja
....
soya

patata
....
kentang

blat de moro o d'indi
....
jagung

colza
....
biji sawi

arbre fruiter
....
pokok buah-buahan

mandioca
....
ubi kayu

cereals
....
bijirin

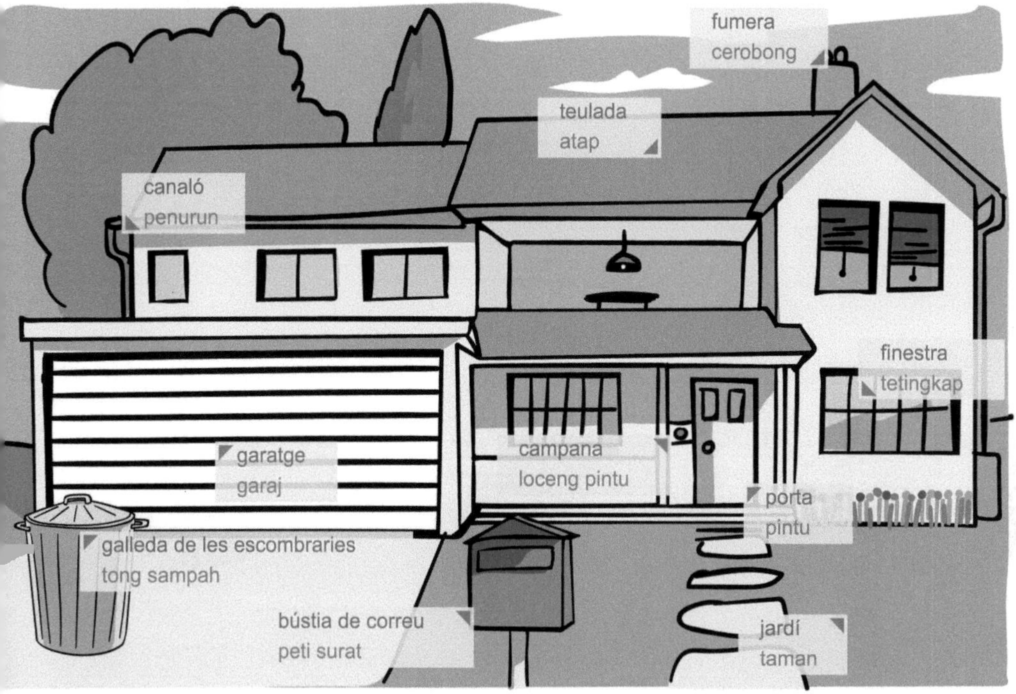

fumera
cerobong

teulada
atap

canaló
penurun

finestra
tetingkap

garatge
garaj

campana
loceng pintu

porta
pintu

galleda de les escombraries
tong sampah

bústia de correu
peti surat

jardí
taman

sala d'estar
ruang tamu

bany
bilik air

cuina
dapur

cambra de dormir
bilik tidur

cambra de nen
bilik kanak-kanak

menjador
ruang makan

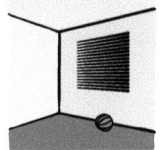

sòl

lantai

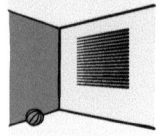

paret

dinding

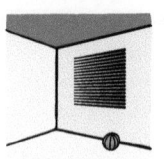

sostre

siling

soterrani

bilik bawah tanah

sauna

sauna

balcó

balkoni

terrassa

teres

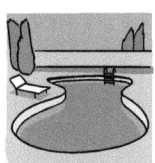

piscina

kolam renang

tallagespa

pemotong rumput

vànova

lembaran

cobrellit

penutup tilam

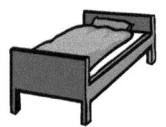

llit

katil

escombra

penyapu

galleda

timba

interruptor

suis

sala d'estar
ruang tamu

paper de paret
kertas dinding
quadre
gambar
làmpada
lampu
prestatge
rak
armari
kabinet
televisor
televisyen
escalfapanxes
pendiangan
flor
bunga
coixí
kusyen
sofà
sofa
gerro
pasu
telecomanda
alat kawalan jauh

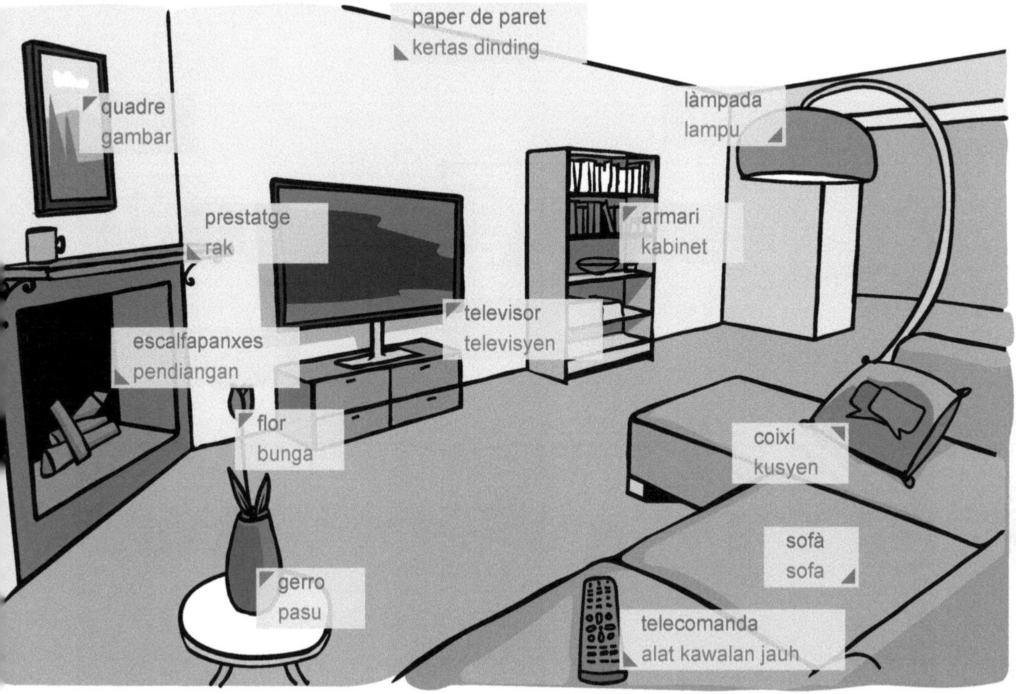

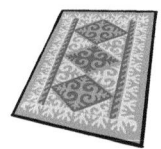

catifa
....
permaidani

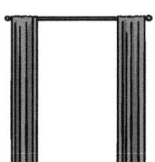

cortina
....
tirai

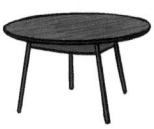

taula
....
meja

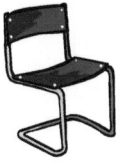

cadira
....
kerusi

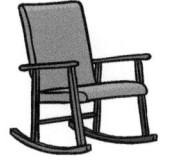

cadira gronxadora
....
kerusi malas

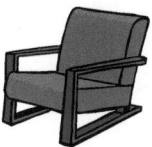

cadiral
....
kerusi

llibre
buku

llençol
selimut

decoració
hiasan

llenya
kayu api

film
filem

cadena de música
hi-fi

clau
kunci

diari
akhbar

pintura
lukisan

cartell
poster

ràdio
radio

bloc de notes
buku catatan

aspiradora
penyedut habuk

cactus
kaktus

candela
lilin

cuina
dapur

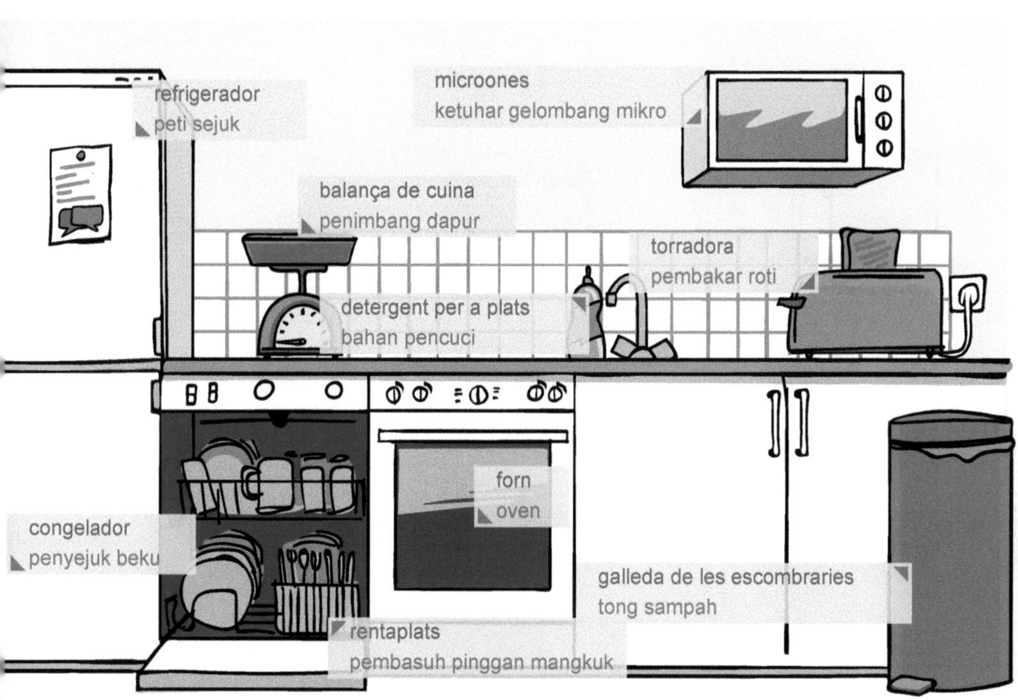

refrigerador
peti sejuk
microones
ketuhar gelombang mikro
balança de cuina
penimbang dapur
torradora
pembakar roti
detergent per a plats
bahan pencuci
forn
oven
congelador
penyejuk beku
galleda de les escombraries
tong sampah
rentaplats
pembasuh pinggan mangkuk

cuina de fogons
periuk dapur

olla
periuk

olla de ferro colat
periuk besi

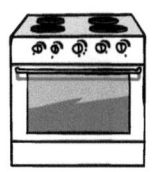

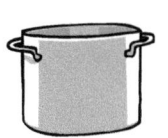

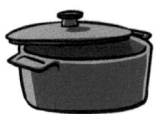

wok / karahi
kuali

paella
pan

bullidor
cerek

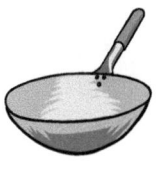

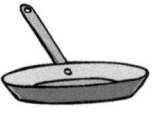

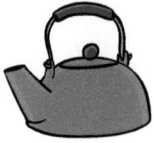

olla de vapor

pengukus

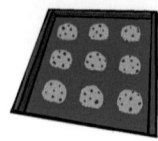

plata de forn

dulang pembakar

vaixella

pinggan mangkuk

tassa grossa

koleh

bol

mangkuk

bastonets xinesos

penyepit

culler

senduk

espàtula

spatula

batedor

pengadun

colador

penapis

sedàs

ayak

ratllador

pemarut

morter

mortar

barbacoa

barbeku

foc a terra

pembakaran terbuka

taula de tallar

papan pencincang

corró

pin golekan

llevataps

skru gabus

pot de conserva

tin

obridor

pembuka tin

agafador

pemegang periuk

aigüera

sinki

raspall

berus

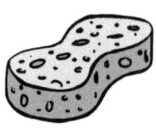

esponja

span

batedora

pengisar

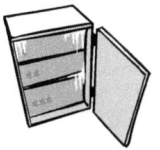

congelador

penyejuk beku

biberó

botol bayi

aixeta

paip

bany

bilik air

calefacció
pemanasan
tovallola
tuala
dutxa
mandi
cortina de dutxa
tirai mandi
bany de bombolles
mandi buih
banyera
tab mandi
rentadora
mesin basuh
rajoles
jubin
orinal
tandas
aixeta
paip
got
gelas
aigüera
sinki

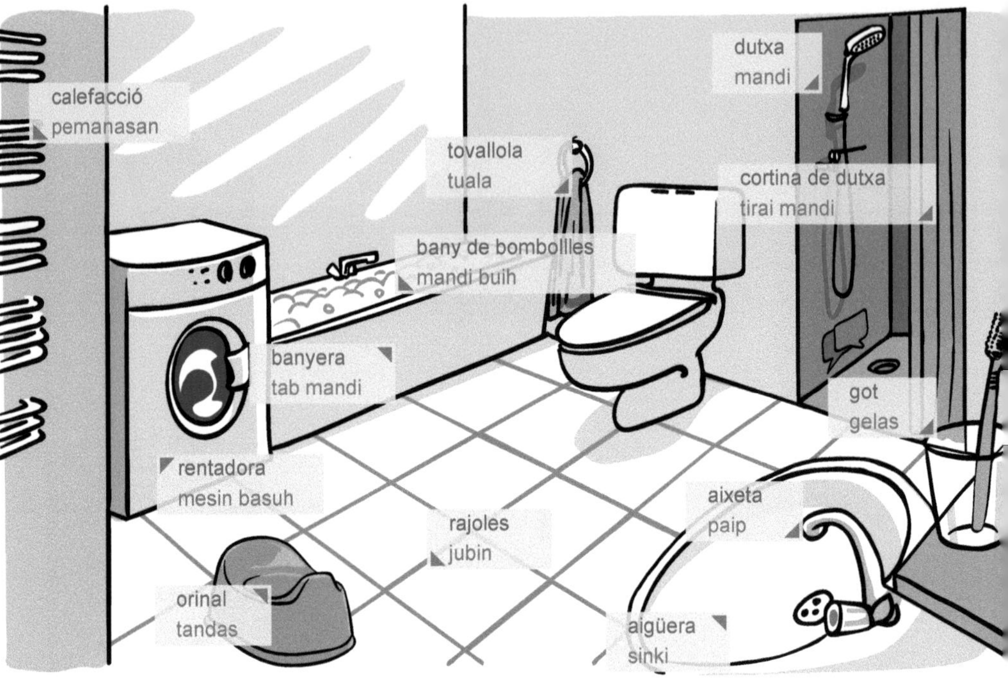

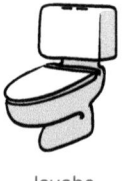

lavabo
tandas

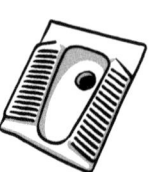

lavabo turc
tandas mencangkung

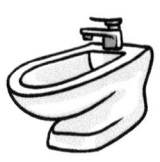

bidet
mangkuk tandas

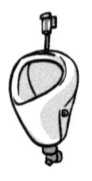

orinador
tandas awam

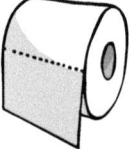

paper higiènic
kertas tandas

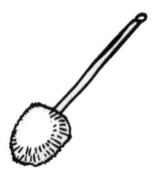

escombreta de sanitari
berus tandas

raspall de dents

berus gigi

pasta de dents

ubat gigi

fil dental

flos gigi

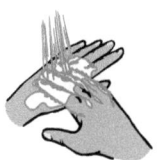

rentar

cuci

pom de dutxa

mandian tangan

dutxa íntima

pancuran

rentamans

besen

raspall per a l'esquena

belakang berus

sabó

sabun

gel de dutxa

gel mandian

xampú

syampu

manyopla de bany

flanel

bonera

longkang

crema

krim

desodorant

deodoran

mirall

cermin

mirall-espill de mà

cermin tangan

maquineta de rasar

pisau cukur

espuma de barbejar

busa cukur

loció post-rasada

selepas cukur

pinta

sikat

raspall

berus

eixugador

pengering rambut

laca

semburan rambut

maquillatge

mekap

pintallavis

gincu

esmalt d'ungles

varnis kuku

cotó

bulu kapas

tallaungles

gunting kuku

perfum

pewangi

estoig de bellesa

beg basuhan

tamboret

bangku

bàscula

skala berat

barnús

jubah mandi

guants de goma

sarung tangan getah

compresa higiènica

kapas

compresa

tuala wanita

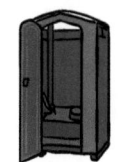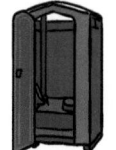

sanitari químic

tandas kimia

cambra de nen
bilik kanak-kanak

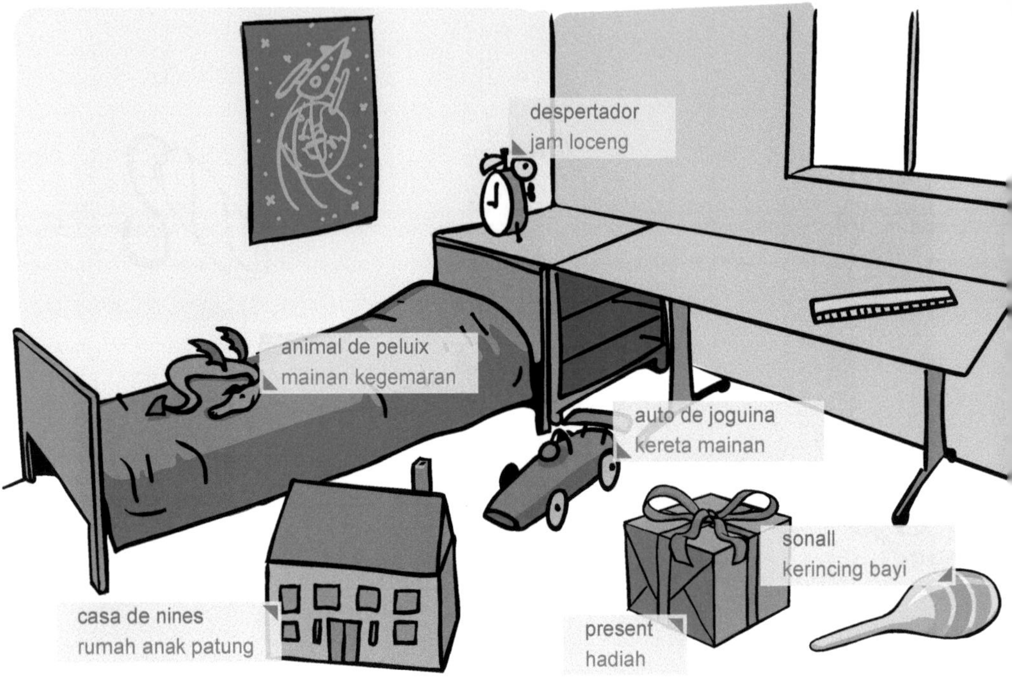

despertador
jam loceng
animal de peluix
mainan kegemaran
auto de joguina
kereta mainan
sonall
kerincing bayi
casa de nines
rumah anak patung
present
hadiah

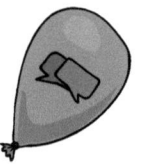

baló
belon

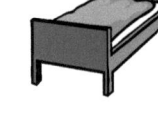

llit
katil

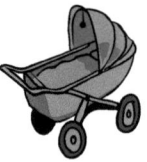

cotxet per a nens
kereta sorong bayi

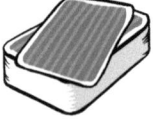

joc de cartes
set kad

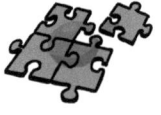

trencaclosca
susun suai gambar

SUPER
MEGA

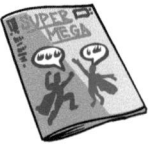

historieta
komik

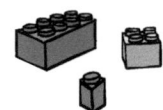

peces de lego
batu bata lego

peces de construcció
blok mainan

ninot d'acció
figura aksi

granota
baju bayi

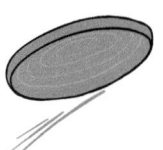

frisbee
frisbee

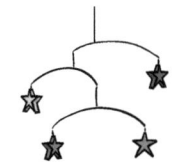

mòbil per a bressol
mainan bayi mudah alih

joc de taula
permainan papan

daus
dadu

tren elèctric
set model kereta api

xumet
palsu

festa
parti

llibre de dibuixos
buku bergambar

pilota
bola

nina
anak patung

jugar
main

sorrera

lubang pasir

gronxador

buai

joguines

mainan

consola de jocs de vídeo

konsol permainan video

tricicle

basikal roda tiga

osset de peluix

anak patung beruang

armari

almari pakaian

roba

pakaian

mitjons

stoking

mitges

stoking

mitja pantaló

ketat

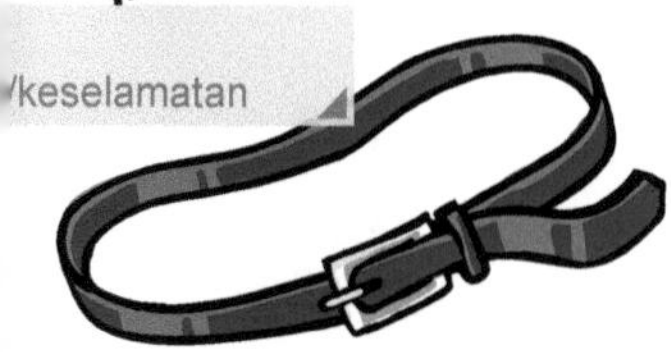

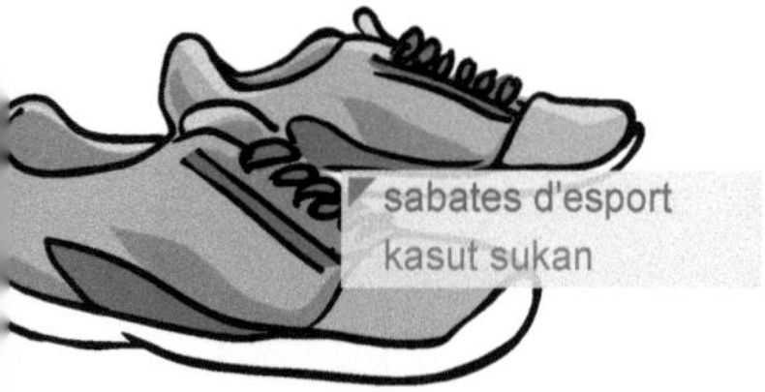

tapacoll
skarf

paraigua
payung

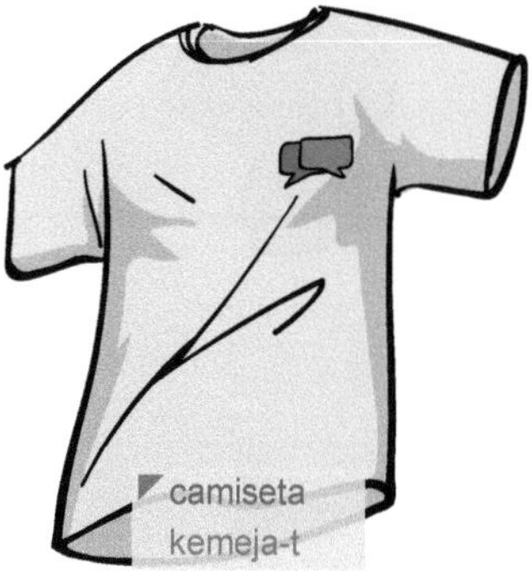

keselamatan

camiseta
kemeja-t

botes
but

plantofes
selipar

sabates d'esport
kasut sukan

sandàlies
sandal

sabates
kasut

botes de goma
but getah

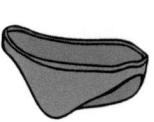

calçonets
seluar dalam

sostenidor
coli

guardapits
ves

jjustacòs

badan

pantalons

Seluar panjang

jeans

jean

faldeta

skirt

brusa

blaus

camisa

kemeja

jersei

baju panas sarung

dessuadora

sweater

blazer

blazer

jaqueta

jaket

mantell

kot

impermeable

baju hujan

vestit de dona

kostum

vestit de dona

pakaian

vestit de núvia

baju pengantin

vestit d'home
....
sut

camisa de dormir
....
baju tidur

pijama
....
baju tidur

sari
....
sari

mocador de cap
....
skarf kepala

turbant
....
serban

burca
....
burqa

caftan
....
kaftan

abaia
....
abaya/jubah

vestit de bany
....
baju renang

calçon(et)s de bany
....
seluar renang

pantalons curts
....
seluar pendek

xandall
....
sut balapan

davantal
....
apron

guants
....
sarung tangan

botó

butang

ulleres

cermin mata

braçalet

gelang tangan

collaret

rantai leher

anell

cincin

orellera

subang

casquet

topi

penjador

penyangkut kot

capell

topi

corbata

tali leher

cremallera

zip

casc

topi keledar

elàstics

pendakap

uniforme escolar

uniform sekolah

uniforme

seragam

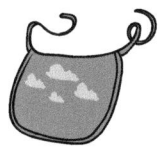

pitet

lapik dada

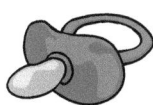

xumet

palsu

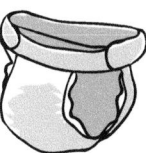

bolquer

lampin

oficina

pejabat

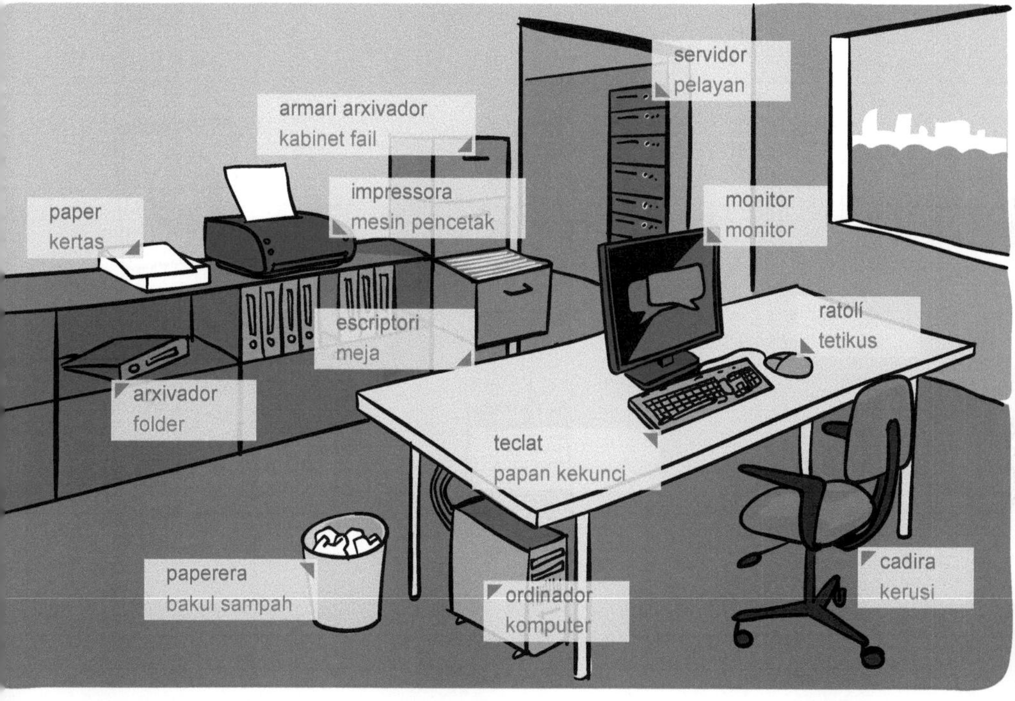
servidor
pelayan
armari arxivador
kabinet fail
impressora
mesin pencetak
paper
kertas
monitor
monitor
escriptori
meja
ratolí
tetikus
arxivador
folder
teclat
papan kekunci
paperera
bakul sampah
ordinador
komputer
cadira
kerusi

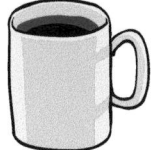

tassa de cafè

cawan kopi

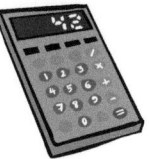

calculadora

kalkulator

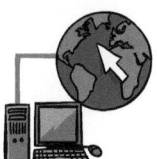

Internet

internet

ordinador portàtil

komputer riba

lletra

surat

missatge

mesej

mòbil

mudah alih

xarxa

rangkaian

fotocopiadora

mesin fotokopi

programari

perisian

telèfon

telefon

presa de corrent

soket plag

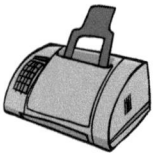

fax

mesin faks

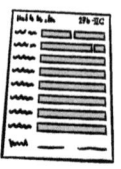

formulari

bentuk

document

dokumen

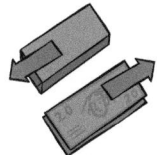

comprar

beli

pagar

bayar

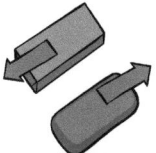

comerciar

berdagang

diners

wang

dòlar

dolar

euro

euro

ien

yen

ruble

rubel

franc suís

franc swiss

renminbi

renminbi yuan

rupia

rupee

caixa automàtica

mata tunai

oficina de canvi

pejabat tukaran mata wang

or

emas

argent

perak

petroli

minyak

energia

tenaga

preu

harga

contracte

kontrak

impost

cukai

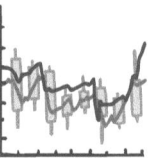

acció

stok

treballar

kerja

treballador

pekerja

empresari

majikan

fàbrica

kilang

botiga

kedai

economia - ekonomi

oficis
pekerjaan

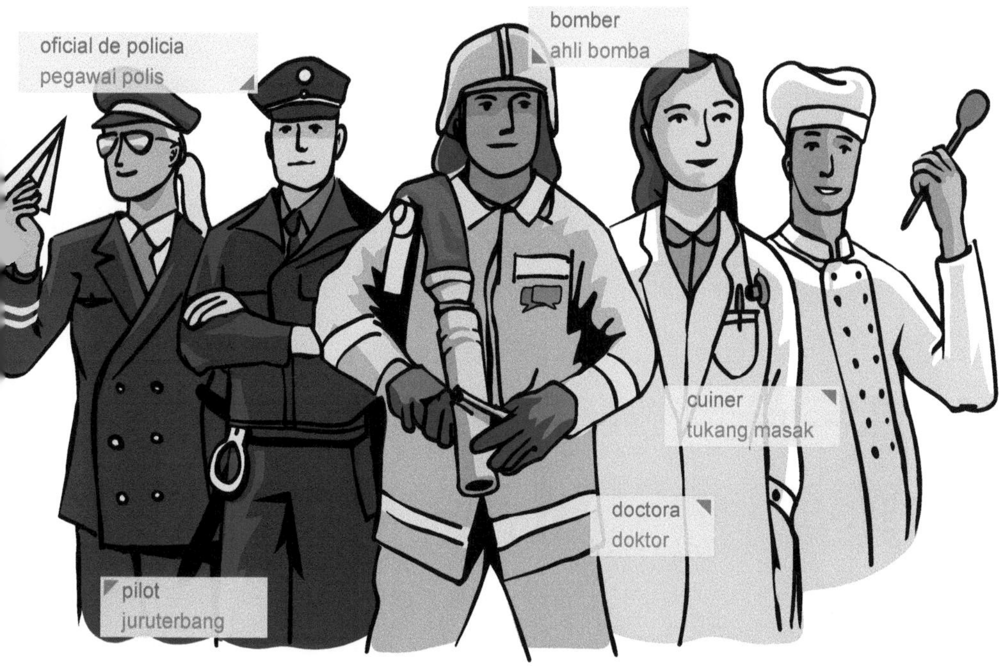
oficial de policia
pegawai polis
bomber
ahli bomba
cuiner
tukang masak
doctora
doktor
pilot
juruterbang

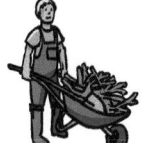

jardiner

tukang kebun

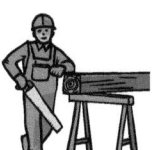

fuster

tukang kayu

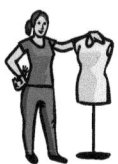

costurera

tukang jahit

jutge

hakim

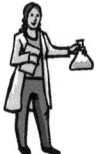

química

ahli kimia

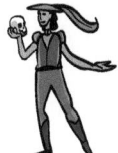

actor

pelakon

conductor d'autobús

pemandu bas

taxista

pemandu teksi

pescador

nelayan

dona de la neteja

wanita pencuci

ensostrador

kasau

cambrer

pelayan

caçador

pemburu

pintor

pelukis

forner

bakeri

electricista

juruelektrik

obrer de la construcció

pembangun

enginyer

jurutera

carnisser

penjual daging

llanterner

tukang paip

correu

posmen

soldat

askar

arquitecte

arkitek

caixera

juruwang

florista

kedai bunga

perruquer

pendandan rambut

revisor

konduktor

mecànic

mekanik

capità

kapten

dentista

doktor gigi

científic

ahli sains

rabí

tuhanku

imam

imam

monjo

sami

capellà

paderi

eines
alat

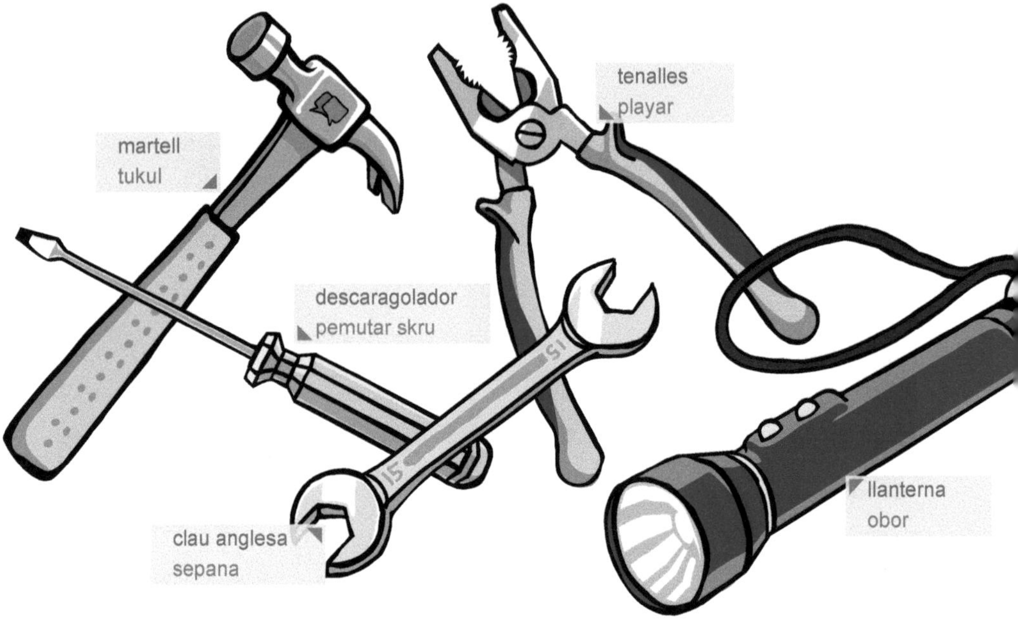
tenalles
playar
martell
tukul
descaragolador
pemutar skru
llanterna
obor
clau anglesa
sepana

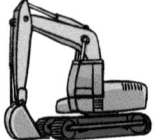

excavadora

pengorek

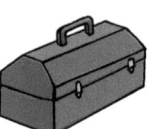

caixa d'eines

kotak peralatan

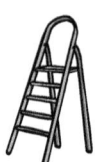

escala

tangga

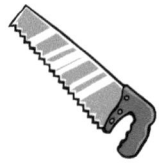

serra

gergaji

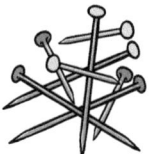

claus

kuku

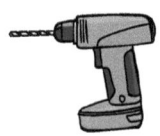

trepant

gerudi

reparar
baiki

pala
penyodok

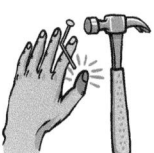

Maleïit siga!
Celaka!

pala
penadah sampah

pot de pintura
periuk cat

caragols
skru

instrument de música
alat muzik

altaveu
pembesar suara

bateria
perangkat dram

guitarra
gitar

contrabaix
bass berganda

trompeta
trompet

piano

piano

violí

biola

baix

bass

timbal

timpani

tambor

dram

teclat

papan kekunci

saxofon

saksofon

flauta

seruling

micròfon

mikrofon

ZOO

ZOO

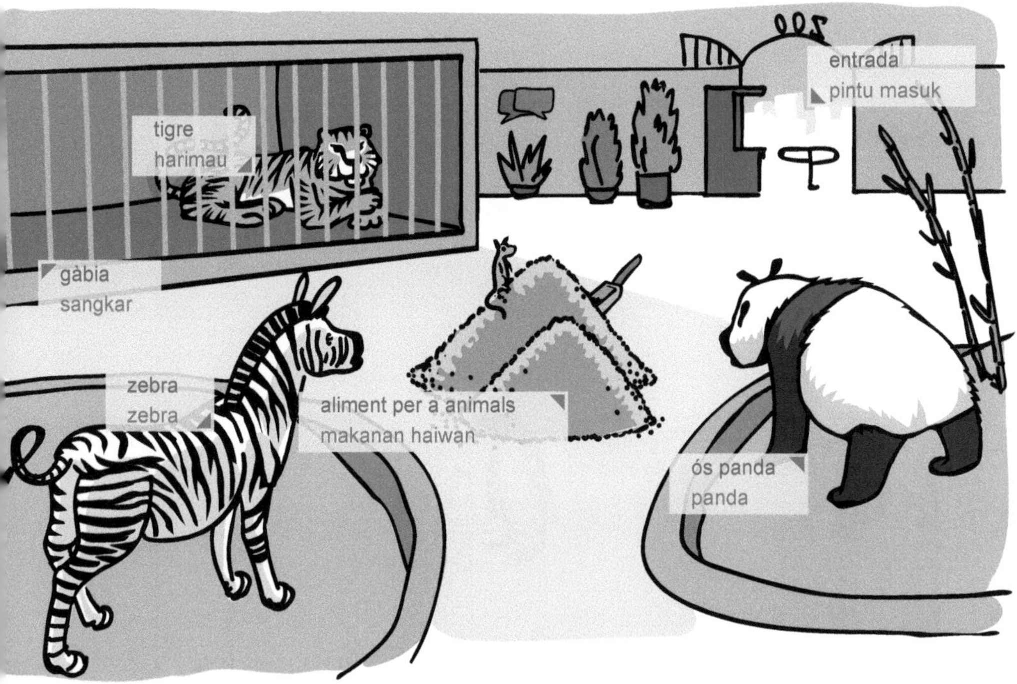

entrada
pintu masuk
tigre
harimau
gàbia
sangkar
zebra
zebra
aliment per a animals
makanan haiwan
ós panda
panda

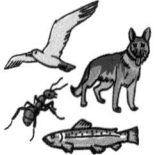

animals

haiwan

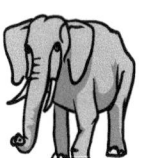

elefant

gajah

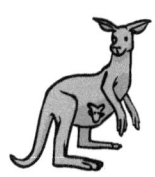

cangurú

kanggaru

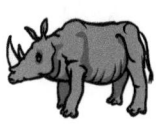

rinoceront

badak sumbu

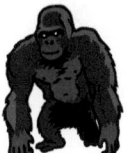

goril·la

gorila

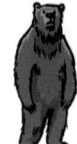

ós

beruang

camell

unta

estruç

burung unta

lleó

singa

simi

monyet

flamenc

flamingo

papagai

nuri

ós polar

beruang kutub

pingüí

penguin

ca mari

yu

paó

merak

serp

ular

cocodril

buaya

guardià del zoo

penjaga zoo

foca

anjing laut

jaguar

jaguar

poni
kuda

lleopard
harimau

hipopòtam
badak air

girafa
zirafah

àliga
helang

senglar
babi jantan

peix
ikan

tortuga
penyu

morsa
anjing laut

guineu
musang

gasela
rusa

futbol americà
bola sepak Amerika

ciclisme
berbasikal

tenis
tenis

bàsquet
bola keranjang

natació
renang

boxa
tinju

hoquei sobre gel
hoki ais

futbol americà

bola sepak

bàdminton

badminton

atletisme

olahraga

handbol

bola baling

esquí

ski

polo

polo

riure
ketawa

saltar
lompat

abraçar
peluk

anar
berjalan

cantar
menyanyi

somiar
mimpi

pregar
berdoa

fer un petó
cium

escriure

tulis

dibuixar

lukis

mostrar

tunjuk

pitjar

tolak

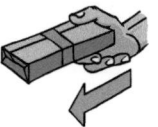

donar

beri

prendre

ambil

tenir
ada

fer
buat

ésser
ialah

estar dret
berdiri

córrer
lari

estirar
tarik

llançar
buang

caure
jatuh

jeure
tipu

esperar
tunggu

portar
bawa

asseure's
duduk

vestir-se
pakai

dormir
tidur

despertar-se
bangkit

mirar	plorar	amoixar
lihat pada	menangis	strok

pentinar	parlar	comprendre
sikat	cakap	faham

demanar	escoltar	beure
tanya	dengar	minum

menjar	endreçar	estimar
makan	mengemas	sayang

cuinar	conduir	volar
masak	pandu	terbang

navegar

belayar

calcular

kira

llegir

baca

aprendre

belajar

treballar

kerja

casar-se

nikah

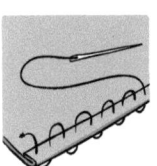

cosir

jahit

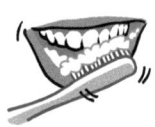

raspallar-se les dents

memberus gigi

matar

bunuh

fumar

asap

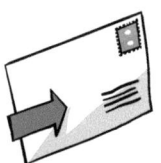

enviar

hantar

àvia
nenek

avi
datuk

pare
bapa

mare
ibu

nadó
bayi

filla
anak perempuan

fill
anak lelaki

convidat

tetamu

tia

mak cik

oncle

pak cik

germà

abang

germana

kakak

cos

badan

front
dahi
ull
mata
espatlla
bahu
dit
jari
cara
muka
barbeta
dagu
mà
tangan
cama
kaki
pit
dada
braç
lengan

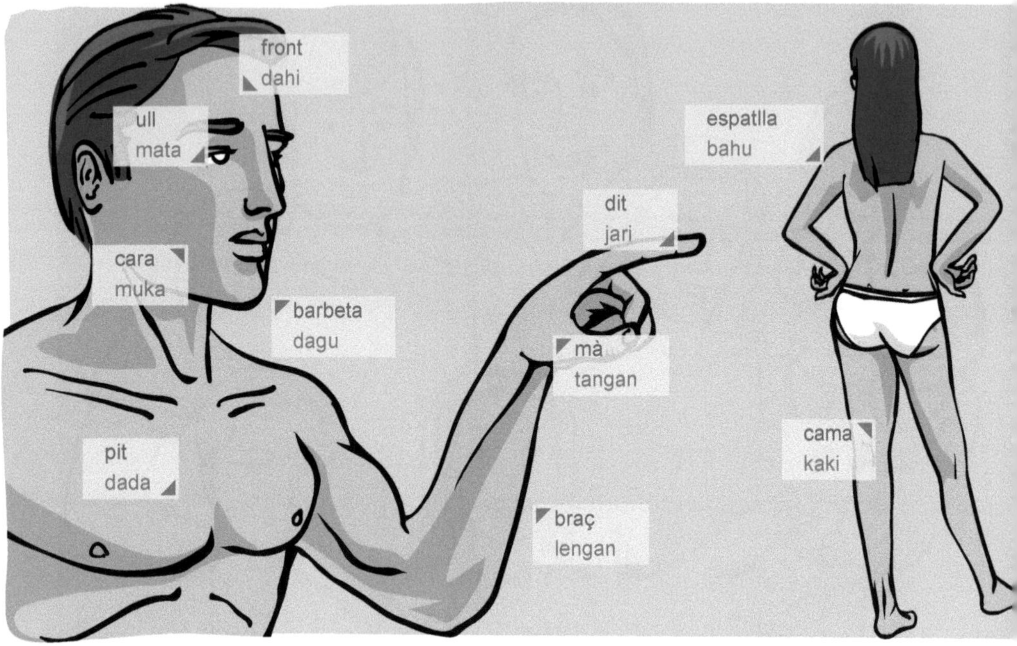

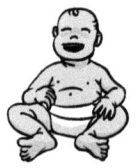

nadó

bayi

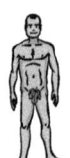

home

lelaki

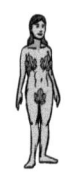

dona

wanita

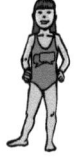

noia

perempuan

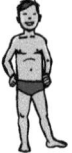

noi

lelaki

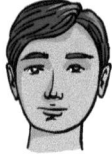

cap

kepala

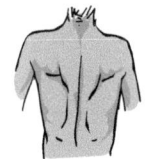

esquena

belakang

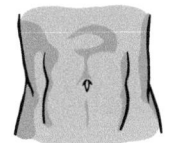

panxa

bawah perut

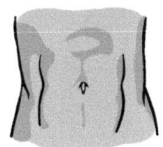

melic

pusat

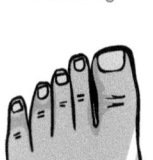

dit gros del peu

jari kaki

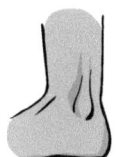

taló

tumit

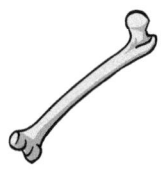

os

tulang

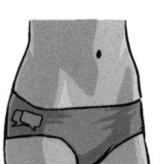

maluc

pinggul

genoll

lutut

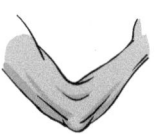

colze

siku

nas

hidung

cul

bawah

pell

kulit

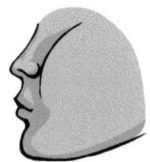

galta

pipi

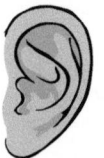

orella

telinga

llavi

bibir

boca
mulut

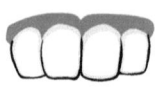

dent
gigi

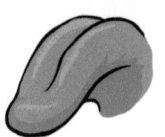

llengua
lidah

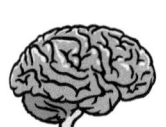

cervell
otak

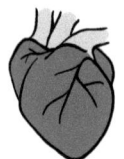

cor
hati

múscul
otot

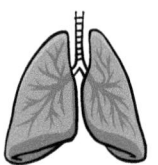

pulmó
paru-paru

fetge
hati

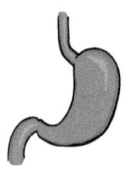

estómac
perut

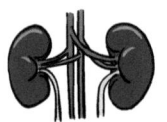

ronyó
buah pinggang

relació sexual
seks

preservatiu
kondom

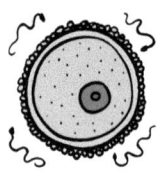

ovari
faraj

semen
mani

prenyat
mengandung

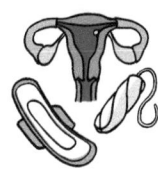

menstruació
·················
haid

vagina
·················
faraj

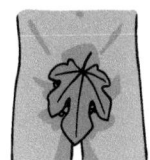

penis
·················
penis

cella
·················
kening

cabells
·················
rambut

coll
·················
leher

hospital
hospital

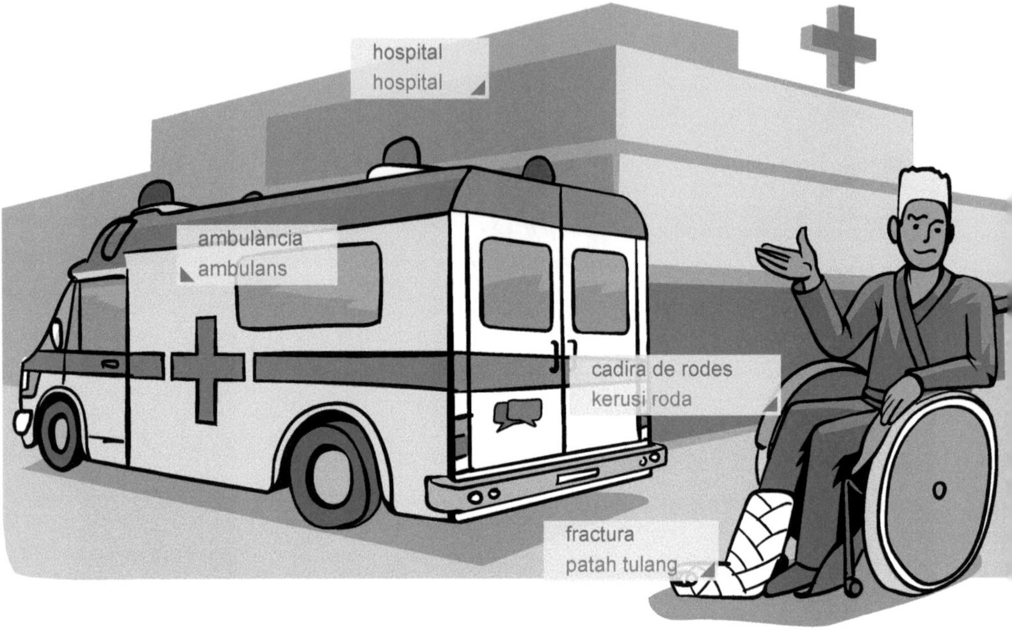

hospital
hospital
ambulància
ambulans
cadira de rodes
kerusi roda
fractura
patah tulang

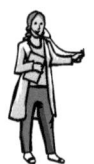

doctora

doktor

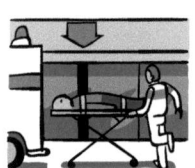

sala d'urgències

bilik kecemasan

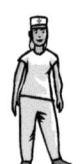

infermera

jururawat

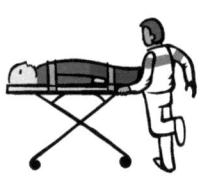

urgència

kecemasan

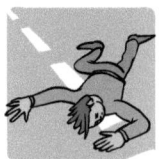

inconscient

tak sedar

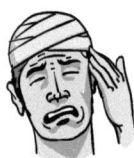

dolor

sakit

ferida

kecederaan

sagnament

pendarahan

atac de cor

serangan jantung

apoplexia

strok

al·lèrgia

alergi

tos

batuk

febre

demam

gripa

selesema

diarrea

cirit-birit

mal de cap

sakit kepala

càncer

kanser

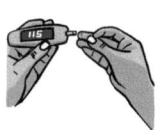

diabetis

diabetes

cirurgià

pakar bedah

escalpel

pisau bedah

operació

pembedahan

tomografia computada (TC),
TAC
....
CT

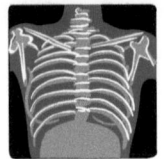

raigs x
....
x-ray

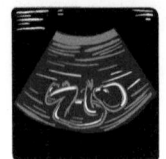

ultrasò
....
ultrabunyi

mascareta
....
topeng muka

malaltia
....
penyakit

sala d'espera
....
bilik menunggu

crossa
....
penongkat

tireta
....
plaster

embenat
....
pembalut

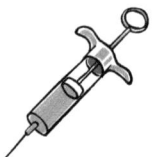

injecció
....
suntikan

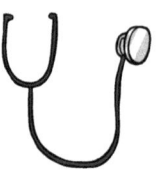

estetoscopi
....
stetoskop

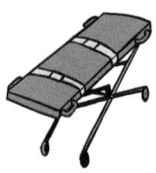

llitera
....
pengusung

termòmetre clínic
....
termometer klinik

pariment
....
kelahiran

sobrepès
....
berat badan berlebihan

aparell auditiu

alat pendengaran

desinfectant

disinfektan

infecció

jangkitan

virus

virus

VIH / SIDA

HIV / AIDS

medicina

perubatan

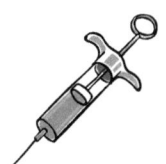

vaccí

vaksinasi

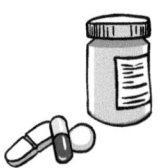

comprimits

tablet

píl·lola

pil

trucada d'urgència

panggilan kecemasan

tensiòmetre

pantau tekanan darah

malalt / sà

sakit / sihat

Socors!

Tolong!

alarma

penggera

assalt

serang

atac

serangan

perill

bahaya

sortida-eixida d'urgència

pintu kecemasan

Foc!

Api!

extintor

alat pemadam api

accident

kemalangan

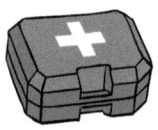

farmaciola de primers
auxilis

alat pertolongan cemas

SOS

SOS

policia

polis

Europa
Eropah

Amèrica del Nord
Amerika Utara

Amèrica del Sud
Amerika Selatan

Àfrica
Afrika

Àsia
Asia

Austràlia
Australia

Atlàntic
Atlantic

Pacífic
Pasifik

Oceà Índic
Lautan Hindi

Oceà Antàrtic
Lautan Antartik

Oceà Àrtic
Lautan Artik

pol nord
Kutub utara

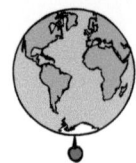

pol sud

Kutub Selatan

Antàrtida

Antartika

terra

bumi

país

tanah

mar

laut

illa

pulau

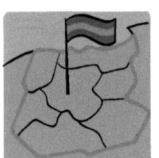

nació

negara

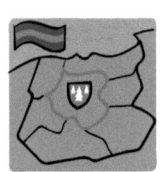

estat

negeri

quadrant

muka jam

agulla de les hores

tangan jam

agulla dels minuts

tangan minit

agulla dels segons

terpakai

Quina hora és?

Jam berapa sekarang

dia

hari

temps

masa

ara

sekarang

rellotge digital

jam digital

minut

minit

hora

jam

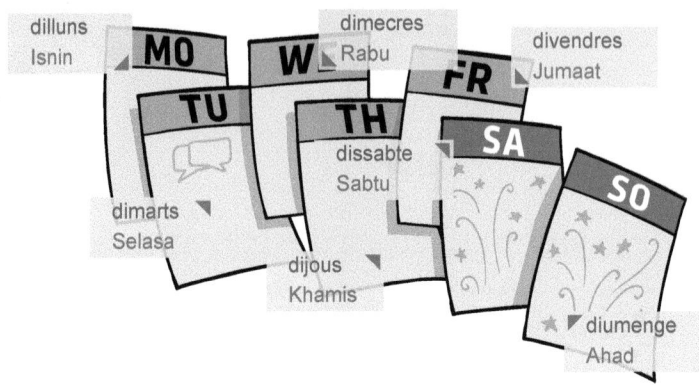

dilluns
Isnin

dimecres
Rabu

divendres
Jumaat

dissabte
Sabtu

dimarts
Selasa

dijous
Khamis

diumenge
Ahad

ahir

semalam

avui

hari ini

demà

esok

matí

pagi

migdia

tengah hari

tarda

petang

MO	TU	WE	TH	FR	SA	SU
1	2	3	4	5	6	7
8	9	10	11	12	13	14
15	16	17	18	19	20	21
22	23	24	25	26	27	28
29	30	31	1	2	3	4

dia feiner

hari kerja

MO	TU	WE	TH	FR	SA	SU
1	2	3	4	5	6	7
8	9	10	11	12	13	14
15	16	17	18	19	20	21
22	23	24	25	26	27	28
29	30	31	1	2	3	4

cap de setmana

hari minggu

any

tahun

arc de Sant Martí
pelangi
pluja
hujan
neu
salji
vent
angin
primavera
musim bunga
tardor
musim luruh
estiu
musim panas
hivern
musim salji

4.APRIL 11°
5.APRIL 4°
6.APRIL 13°
7.APRIL 8°
8.APRIL 10°

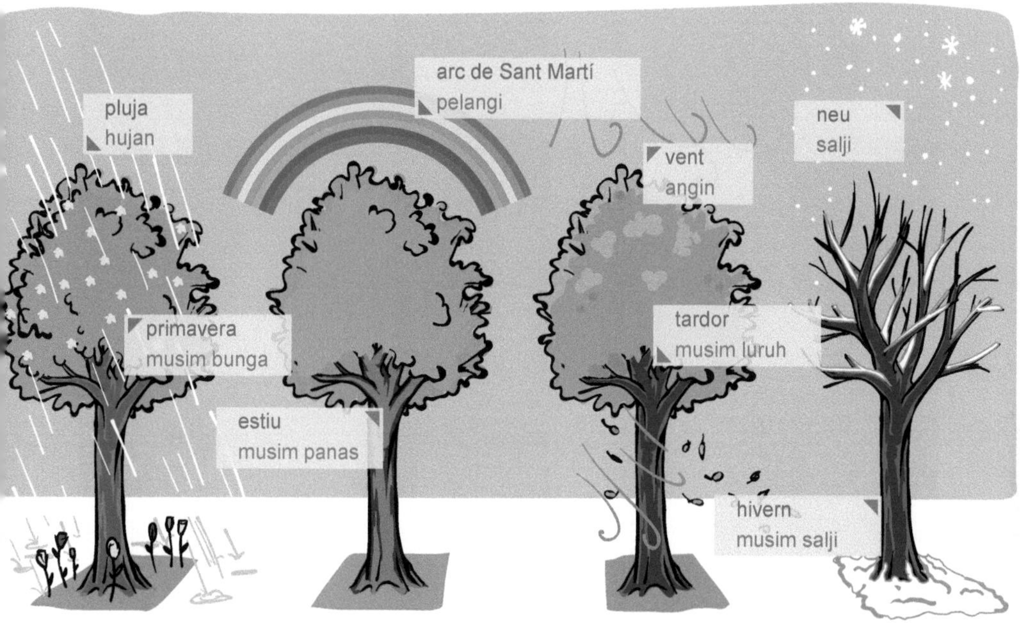

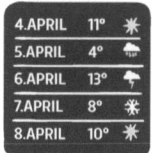

pronòstic del temps

ramalan cuaca

F
C
120
90
60
30
0
-30
40
30
20
10
0
-10
-20

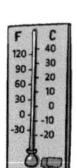

termòmetre

termometer

llum del sol

sinar matahari

núvol

awan

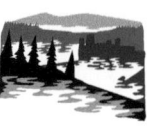

boira

kabus

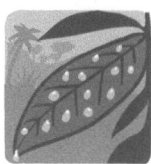

humiditat de l'aire

lembapan

llamp
kilat

tro
petir

tempesta
ribut

calamarsa
hujan batu

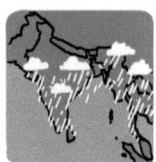

monsó
monsun

inundació
banjir

gel
ais

gener
Januari

febrer
Februari

març
Mac

abril
April

maig
Mei

juny
Jun

juliol
Julai

agost
Ogos

any - tahun

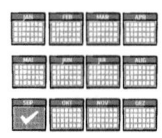

setembre
·················
September

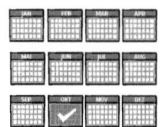

octubre
·················
Oktober

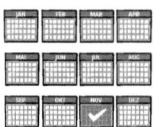

novembre
·················
November

desembre
·················
Disember

cercle
·················
bulatan

quadrat
·················
petak

rectangle
·················
segi empat tepat

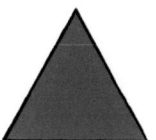

triangle
·················
segitiga

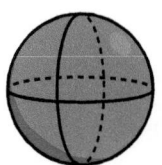

esfera
·················
sfera

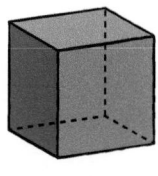

cub
·················
kiub

blanc

putih

groc

kuning

taronja

oren

rosa

merah jambu

vermell

merah

lila

ungu

blau

biru

verd

hijau

marró

coklat

gris

kelabu

negre

hitam

molt / poc

banyak / sedikit

emprenyat / tranquil

marah / tenang

bonic / lleig

cantik / hodoh

començament / fi

bermula / tamat

gran / petit

besar kecil

clar / fosc

terang / gelap

germà / germana

abang / kakak

net / brut

bersih / kotor

complet / incomplet

lengkap / tidak lengkap

dia / nit

hari / malam

mort / viu

mati / hidup

ample / estret

luas / sempit

comestible / immenjable

boleh dimakan / tidak boleh dimakan

dolent / amable

jahat / baik

entusiasmat / entediat

teruja / bosan

gros / prim

gemuk / kurus

primer / darrer

pertama / terakhir

amic / enemic

kawan / musuh

ple / buit

penuh / kosong

dur / tou

keras / lembut

pesant / lleuger

berat / ringan

gana / set

lapar / dahaga

malalt / sà

sakit / sihat

il·legal / legal

menyalahi undang-undang / undang-undang

intel·ligent / ximple

pintar / bodoh

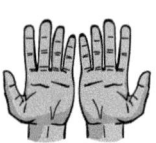

esquerra / dreta

kiri / kanan

prop / llunyà

dekat / jauh

nou / usat
....
baru / lama

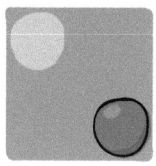

res / quelcom
....
tiada / sesuatu

vell / jove
....
tua / muda

encès / apagat
....
hidup / mati

obert / tancat
....
terbuka / tertutup

silenciós / sorollós
....
diam / bising

ric / pobre
....
kaya / miskin

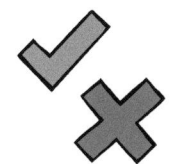

correcte / incorrecte
....
betul / salah

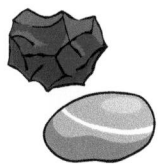

aspre / suau
....
kasar / halus

trist / content
....
sedih / gembira

curt / llarg
....
pendek / panjang

lent / ràpid
....
lambat / laju

humit / sec - eixut
....
basah / kering

calent / fred
....
panas / sejuk

guerra / pau
....
berperang / berdamai

nombres

nombor

0

zero

sifar

1

u

satu

2

dos

dua

3

tres

tiga

4

quatre

empat

5

cinc

lima

6

sis

enam

7

set

tujuh

8

vuit

lapan

9

nou

sembilan

10

deu

sepuluh

11

onze

sebelas

12
dotze
....
dua belas

13
tretze
....
tiga belas

14
catorze
....
empat belas

15
quinze
....
lima belas

16
setze
....
enam belas

17
disset
....
tujuh belas

18
divuit
....
lapan belas

19
dinou
....
Sembilan belas

20
vint
....
dua puluh

100
cent
....
ratus

1.000
mil
....
ribu

1.000.000
milió
....
juta

anglès

Bahasa Inggeris

anglès americà

Bahasa Inggeris Amerika

xinès mandarí

Bahasa Cina Mandarin

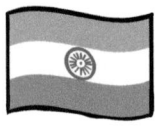

hindi

Bahasa Hindi

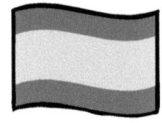

espanyol

Bahasa Sepanyol

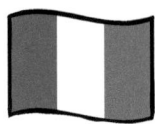

francès

Bahasa Perancis

àrab

Bahasa Arab

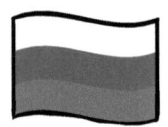

rus

Bahasa Rusia

portuguès

Bahasa Portugis

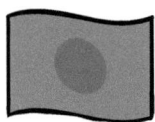

bengalí

Bahasa Benggali

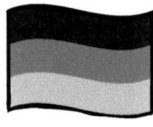

alemany

Bahasa Jerman

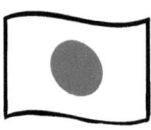

japonès

Bahasa Jepun

jo

saya

tu

anda

ell / ella / allò

dia / dia / ia

nosaltres

kita

vosaltres

anda

ells

mereka

qui?

siapa?

què?

apa?

com?

bagaimana?

on?

di mana?

quan?

bila?

nom

nama

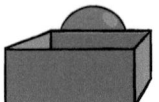

darrere

belakang

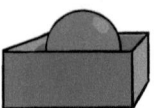

en

dalam

davant de

di hadapan

damunt

lebih

sobre

pada

sota

di bawah

al costat

bersebelahan

entre

antara

lloc

tempat